Prof. Dr. med. Olaf Adam

Ernährungsrichtlinien bei Multipler Sklerose

Ein Leitfaden

dmv
Deutscher Medizin Verlag
Münster 2003

Prof. Dr. med. Olaf Adam

Ernährungsrichtlinien bei Multipler Sklerose

Ein Leitfaden

Redaktion, Wiss. Beratung, Realisation:
Dr. Franz Waldmann, Institut für Medizin & Wissenschaft, Senden
Gestaltung: Gergely Kemény, Senden
Fotos: Thorsten Arendt, Münster (Westfalen)

dmv
Deutscher Medizin Verlag Münster
Münster (Westfalen): dmv 2003

Bezug:
Dr. Waldmann GmbH, Daimlerstr. 55, 48308 Senden
Tel. 0 25 97 / 99 13 00, e-mail: imw@promedici.de

ISBN 3-936525-03-X

Inhalt

Einleitung 5
Multiple Sklerose-Diäten aus ernährungstherapeutischer Sicht 7
Entzündungsprozesse bei Multipler Sklerose 11
Arachidonsäure - Entzündungsstoff aus der Nahrung 14
Mehrfach ungesättigte Fettsäuren, die den Entzündungsprozess hemmen 18
Ein praktisches Beispiel für die richtige Fettzufuhr 21
Antioxidantien hemmen die Entzündung 23
Praktische Hinweise zu den wichtigsten Antioxidantien 25
Weitere Nährstoffe mit möglicher Wirkung 27
Spurenelemente: Kupfer, Selen und Zink 29
Entzündungsverstärker: Eisen, Alkohol, Zigarettenrauchen, Stress 31
Praktische Ratschläge für eine entzündungshemmende Kost 31

Regeln für das Leben mit Multipler Sklerose 34
MS-Selbsthilfegruppen bieten wertvolle Unterstützung an 34
Kurz zusammengefasst - Ernährung bei Multipler Sklerose 35
Empfehlenswerte und nicht empfehlenswerte Lebensmittel 36

Anhang - Übersichtstabellen
Tabelle 1: Die wichtigsten Fettsäuren nach Lebensmittelgruppen 38
Tabelle 2: Selenreiche Lebensmittel 44
Tabelle 3: Zinkreiche Lebensmittel 45
Tabelle 4: Kupferreiche Lebensmittel 46
Tabelle 5: Vitamin C-reiche Lebensmittel 47
Tabelle 6: Karotin- und Vitamin A Gehalt ausgewählter Lebensmittel 48
Tabelle 7: Vitamin E-reiche Lebensmittel 50
Tabelle 8: Ausgewählte Präparate und ihre Hersteller 51
Weiterführende Literatur 52

Einleitung

Chronische Krankheiten wie die Multiple Sklerose bedürfen einer oft lebenslangen Therapie. Für Erkrankte ist es deshalb besonders wichtig, alle Möglichkeiten zur Optimierung des Arzneimittelbedarfs wahrzunehmen, um Nebenwirkungen von Medikamenten zu vermindern. In den letzten Jahren konnten die Abläufe der immunologischen Reaktion, die bei dieser Erkrankung eine besondere Rolle spielt, weiter aufgeklärt werden. So war es möglich genau zu erkennen, welche Maßnahmen auf dem Gebiet der Ernährung geeignet sind, das Krankheitsgeschehen bei Multipler Sklerose positiv zu beeinflussen und damit den Verlauf zu bessern.

In der Literatur finden sich zahlreiche Vorschläge zur Ernährung bei Multipler Sklerose. Als Qualitätskriterium einer solchen Diät gilt nicht nur die nachweislich positive Beeinflussung des Krankheitsgeschehens, sondern auch die Unschädlichkeit der empfohlenen Maßnahmen. Dies kann nur gewährleistet sein, wenn auch bei langer Diätdauer keine Mangelerscheinungen zu befürchten sind. Für den Patienten ist es häufig nicht möglich, die Qualität einer solchen Diät zu beurteilen. Deshalb sollen hier zunächst einige der aus der Literatur bekannten Multiple Sklerose-Diäten aus ernährungstherapeutischer Sicht besprochen werden.

Verschiedene Diäten, die auf spekulativen und hypothetischen Überlegungen basieren und für die Langzeiternährung nicht geeignet sind:

- Bakterienfreie Diät nach Ihmig
- Die Methanol-Hypothese nach Hentzi
- Essentielle Fettsäuren in der Ernährung von MS-Patienten nach Millar
- Evers-Diät
- Fettarme Diät nach Swank
- Fratzer-Diät
- Glutenfreie Diät
- „Immun-Milch" und „Immun-Colostrum" nach Aronson et al.
- Kaslow-Programm
- Klennersche Megavitamintherapie
- Kohlenhydratfreie Diät nach Lutz und Eckel
- Milchfreie Diät nach Agranoff und Goldberg

Multiple Sklerose-Diäten aus ernährungstherapeutischer Sicht

Bereits vor 50 Jahren wurden erste Diätvorschriften für Patienten mit MS entworfen. Dabei wurde vor allem der Versuch unternommen, den Fettanteil in der Ernährung sinnvoll festzulegen: wenig tierisches Fett, Empfehlung von Fischöl und vegetarisch orientierte Kost sind hier die wichtigsten Anhaltspunkte.

Obwohl es sich bei diesen Untersuchungen um ältere Studien handelt und subjektive Eindrücke nicht ausgeschlossen sind, kann durch die lange Dauer der Beobachtung doch ein Urteil über die Wirksamkeit der diätetischen Maßnahmen abgegeben werden. Den Untersuchern standen noch nicht die heute bekannten wissenschaftlichen Erkenntnisse zur Verfügung. Allerdings weisen alle wirksamen Ernährungsformen, die für Patienten mit Multipler Sklerose ausgearbeitet wurden, ähnliche Prinzipien auf. Durch die Erfahrung der Patienten wurden hier bereits Kriterien für eine sinnvolle Diät festgelegt, die mit den wissenschaftlichen Erkenntnissen von heute bestätigt werden können.

Eine in Deutschland weit verbreitete Ernährungsempfehlung stammt von einem Allgemeinarzt (Fratzer et al. 1992). Fratzer empfahl seinen Patienten pflanzliche Fette zu meiden und ausschließlich tierische Fette zu verwenden. So war arachidonsäurehaltige Butter erlaubt, aber Distelöl, Sonnenblumenöl und besonders Nachtkerzenöl zu meiden. Heute wissen wir allerdings, dass die Umwandlung der Linolsäure zu Arachidonsäure beim Menschen genau kontrolliert ist und die im menschlichen Körper aus Linolsäure entstandene Arachidonsäure wenig zur Bildung von Entzündungsstoffen beiträgt. Die aus Linolsäure gebildete γ-Linolensäure ist besonders im Nachtkerzenöl enthalten und kann die Entzündung sogar wirksam unterdrücken, wie auch die im Walnussöl enthaltene α-Linolensäure. Zu diesen Mechanismen gibt es bereits wissenschaftliche Untersuchungen (Adam 2002).

Die Multiple Sklerose ist eine sehr uneinheitlich verlaufende Erkrankung und oft suchen Betroffene auf eigene Faust nach Möglichkeiten, den Verlauf zu verbessern. Es gibt wohl in Einzelfällen verschiedene Nahrungsmittelunverträglichkeiten (z.B. gegen Gliadine, Schwermetalle usw.), sie haben aber nicht immer Auswirkungen auf den Verlauf der Krankheit. Wird eine Unverträglichkeit eines Nahrungsmittels vermutet, so ist immer eine genaue ärztliche Kontrolle erforderlich, bei der zunächst ein Ernährungs- und Beschwerdeprotokoll erstellt wird. Wenn sich dabei die Hinweise erhärten, so wird ein kontrollierter Auslassversuch gemacht. Dann sollte der Nährstoff kurzfristig wieder eingesetzt werden, um den Zusammenhang eindeutig zu sichern. Nur so kann man vermeiden, dass Nährstoffe ungerechtfertigt ausgeschlossen werden. Nicht selten resultiert aus dem leichtfertigen Ausschluss eine Fehl- oder Mangelernährung. Dies muss unbedingt vermieden werden. Das Wichtigste an Ihrer Kost ist die Vollwertigkeit nach den Regeln der Deutschen Gesellschaft für Ernährung (siehe Literatur im Anhang).

Fettsäuren: n-3- und n-6-Fettsäuren

Fettsäuren sind Ketten von Kohlenstoffatomen mit einer Carboxylgruppe (COOH). Abbildung 1 zeigt schematisch einige Fettsäurestrukturen. An jeder „Ecke" des Linienzuges sitzt ein Kohlenstoffatom, das mit einer Bindung jeweils zum nächsten Kohlenstoffatom verknüpft ist. Die restlichen Bindungen eines jeden Kohlenstoffatoms (in der Abbildung wegen der Übersichtlichkeit nicht gezeigt) werden von Wasserstoffatomen besetzt. Werden der Fettsäure Wasserstoffatome entzogen (Entsättigung), so treten Doppelbindungen auf (als Doppelstriche in der Abbildung gekennzeichnet). Es entstehen „ungesättigte" Fettsäuren. Man unterscheidet in diesem Zusammenhang zwei Klassen natürlich vorkommender, ungesättigter Fettsäuren, nämlich die n-3- bzw. Omega-3- und die n-6- bzw. Omega-6-Fettsäuren.

Beim Zählen der C-Atome mit der ersten Doppelbindung vom reaktionsträgen linken Methyl-Ende der Fettsäurestrukturformel an, kommt man z. B. bis zur Zahl 3 und hat es dann mit einer n-3- bzw. Omega-3-Fettsäure zu tun. Das Endprodukt der Fettsäuresynthese ist bei den meisten Pflanzen Linolsäure, bei wenigen Pflanzen entsteht γ-Linolensäure (n-6). **Pflanzen haben nicht die Möglichkeit, Arachidonsäure zu bilden, sie entsteht nur in tierischen Organismen. Eicosapentaensäure wird ebenfalls nur von Tieren, vor allem von Fischen gebildet (vgl. Abbildung 1).**

In grünen Pflanzen, vor allem in Algen, wird aus Linolsäure die α-Linolensäure (n-3) gebildet. Größere Mengen dieser n-3 Fettsäure finden sich in bestimmten Ölen (Tabelle 1).

Abbildung 1
n-3- bzw. Omega-3- und n-6- bzw. Omega-6-Fettsäuren

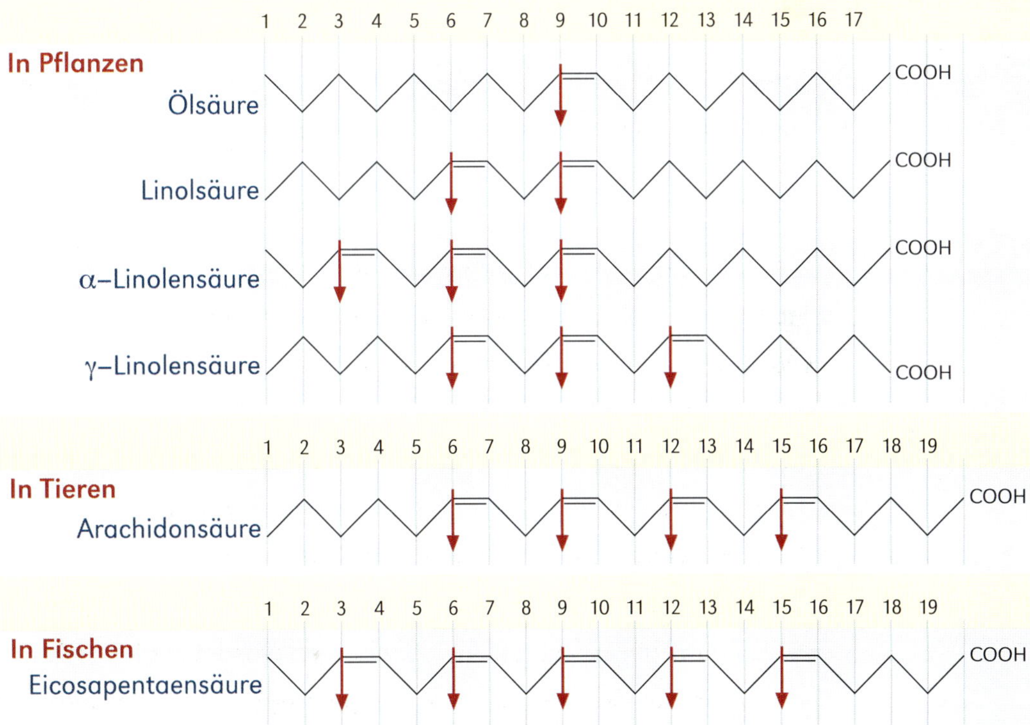

Tabelle 1
Gehalt an Linol- und α-Linolensäure in einigen Fetten und Ölen*

Lebensmittel (je 100 g verzehrbarer Anteil)	**Linolsäure** (g)	**α-Linolensäure** (g)
Butter	1,2	0,4
Diätmargarine	33,1	1,8
Pflanzenmargarine	17,6	2,6
Kürbiskernöl	49,4	0,5
Leinöl	13,9	54,2
Maiskeimöl	55,3	0,9
Olivenöl	8,3	0,9
Rapsöl	22,3	9,2
Safloröl (Distelöl)	75,1	0,5
Sesamöl	42,7	0,0
Sojaöl	53,1	7,7
Sonnenblumenöl	63,0	0,5
Walnussöl	55,1	12,9
Weizenkeimöl	55,7	7,8

*eine ausführliche Tabelle finden Sie im Anhang: Tabelle 1

Entzündungsprozesse bei Multipler Sklerose

Die Multiple Sklerose ist eine Krankheit, bei der die Immunabwehr fehlgeleitet wird, und möglicherweise aufgrund einer viralen Infektion Nervenstrukturen des eigenen Körpers angreift (Alter et al. 1974). In den Gefäßen der Blut-Hirn-Schranke kommt es zur Ansammlung von Entzündungszellen (Granulozyten und Lymphozyten), der Grund hierfür ist bisher unbekannt. Diese Entzündungszellen bilden Botenstoffe wie Eicosanoide und stören dadurch die Blut-Hirn-Schranke, so dass weitere Entzündungszellen eindringen können.

Die freigesetzten Entzündungsstoffe schädigen Nervenzellen (Oligodendrozyten) und verursachen die bekannte Demyelinisierung. Durch die Entzündung wird die Schutzschicht der Nerven (Myelinscheide) zerstört und bleibender Schaden an den Nerven verursacht. Die eigentliche Ursache dieser selbstzerstörerischen (deshalb auch: „autoimmunen") Fehlsteuerung des Immunsystems ist bisher unbekannt. Erbanlagen spielen eine Rolle, doch kommen auch andere Faktoren hinzu. Epidemiologische Daten deuten darauf hin, dass Ernährung und weitere Umweltfaktoren einen mindestens gleich großen Einfluss haben.

Die biochemischen Abläufe der Entzündung konnten während der letzten Jahre weitgehend aufgeklärt werden. Bestimmte Abwehrzellen (Leukozyten, Mastzellen, Monozyten und Lymphozyten) werden aktiviert und setzen Botenstoffe frei, die das Entzündungsgeschehen verstärken. Dies sind Stoffe, die aus einer einzigen mehrfach ungesättigten Fettsäure mit 20 (griechisch „eicosa") Kohlenstoffatomen gebildet werden. Diese Fettsäure heißt Arachidonsäure oder chemisch „Eicosa"-tetraensäure und entsprechend werden die Entzündungsstoffe Eicosanoide genannt. Eicosanoide und weitere Botenstoffe bestimmen den Ablauf des Entzündungsgeschehen.

Die bei MS und anderen chronischen Entzündungen krankhaft gesteigerte Bildung der Eicosanoide kann unterdrückt werden, und zwar durch Reduktion der Arachidonsäure im Körper. Diese Verringerung gelingt durch eine verminderte Zufuhr von Arachidonsäure und durch eine Hemmung ihrer Bildung im Körper. Zusätzlich kann durch Antioxidantien und Fischölfettsäuren die Umwandlung von Arachidonsäure zu Entzündungsstoffen blockiert werden. Damit ergeben sich neue Möglichkeiten, immunologische Prozesse, wie sie auch bei der Multiplen Sklerose ablaufen, diätetisch zu vermindern.

Abbildung 2
Hypothetisches immunologisches Netzwerk bei Multipler Sklerose

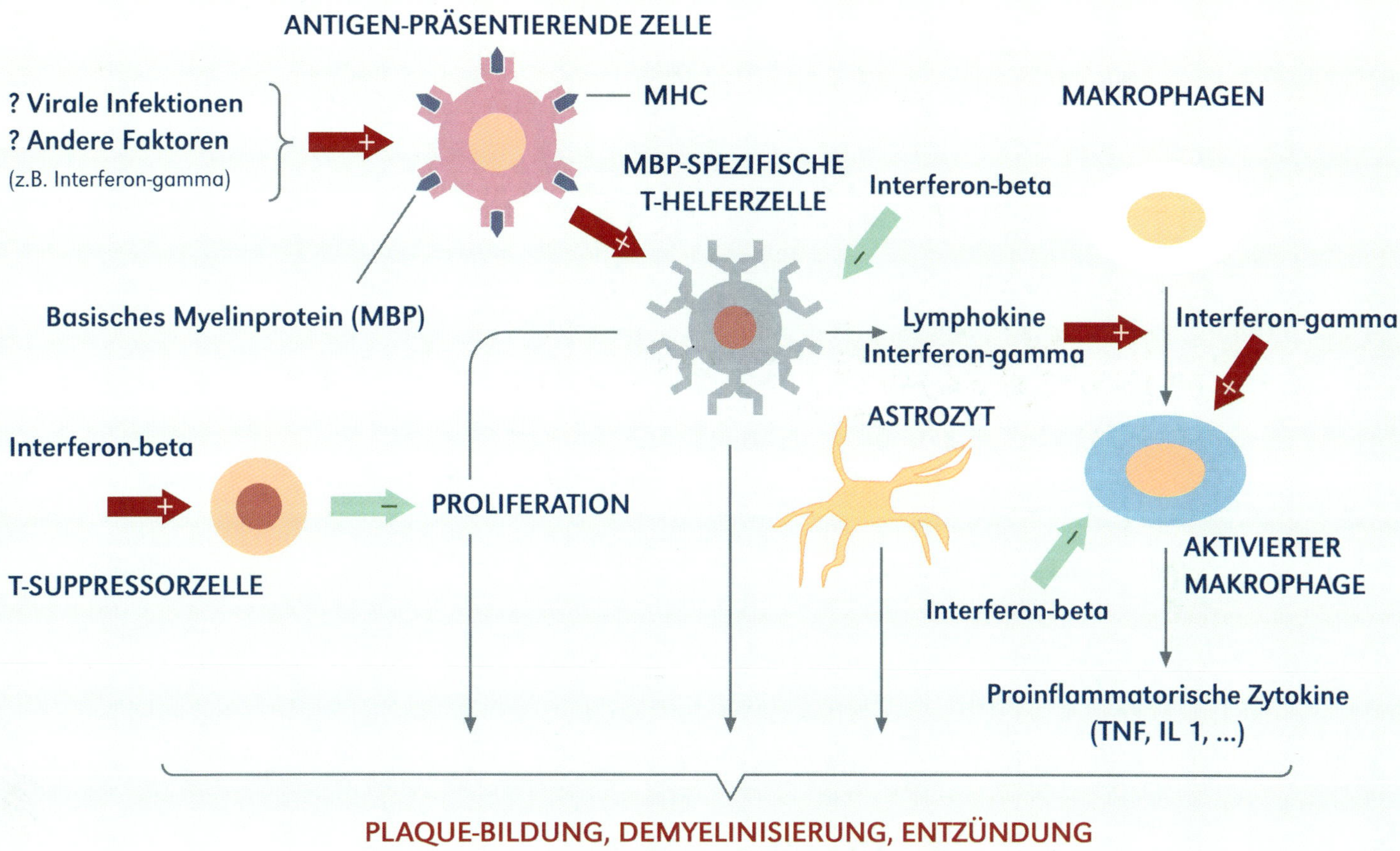

Arachidonsäure - Entzündungsstoff aus der Nahrung

Die Forschung der letzten Jahre hat gezeigt, warum übermäßiger Fleischverzehr bei Multipler Sklerose ungünstig ist: die entzündungsfördernde Arachidonsäure wird ausschließlich mit Nahrungsmitteln tierischer Herkunft (Fleisch, Eigelb, Milchfett, Butter) aufgenommen.

Arachidonsäure wird in jedem tierischen und menschlichen Organismus aus pflanzlicher Linolsäure gebildet. Die Menge ist genau reguliert und sehr begrenzt. Mit tierischer Nahrung nehmen wir darin vorhandene Arachidonsäure direkt auf. Diese verwendet unser Organismus um Eicosanoide als Entzündungsvermittler herzustellen.

Untersuchungen haben tatsächlich gezeigt, dass im Überfluss genossene tierische Nahrungsmittel den Entzündungsprozess bei Multipler Sklerose verstärken.

In Pflanzen wird dagegen keine Arachidonsäure gebildet. Jede vegetarische Mahlzeit ist deshalb ein Beitrag zur Verringerung des Entzündungsförderers Arachidonsäure in unserem Körper.

Unter vegetarisch orientierter Kost kommt es zu einem langsamen Absinken der Arachidonsäure-Menge. Der Körper baut im Verlauf von mehreren Monaten die überschüssig zugeführte Arachidonsäure ab. Daher wird eine Umstellung auf vegetarisch orientierte Kost erst nach etwa zwei Monaten wirksam, wenn nämlich die Arachidonsäure-Konzentration im Körper deutlich reduziert wurde (Adam 1994). Die Abnahme der Arachidonsäure setzt sich bis zu 2 Jahren langsam fort. Deshalb ist es wichtig, die Ernährung langfristig umzustellen.

Abbildung 3

Arachidonsäure, die im Körper gebildet wird, hat kaum Einfluss auf die Entzündung, während die Arachidonsäure aus Produkten tierischer Herkunft das Krankheitsgeschehen bei Multipler Sklerose steigert

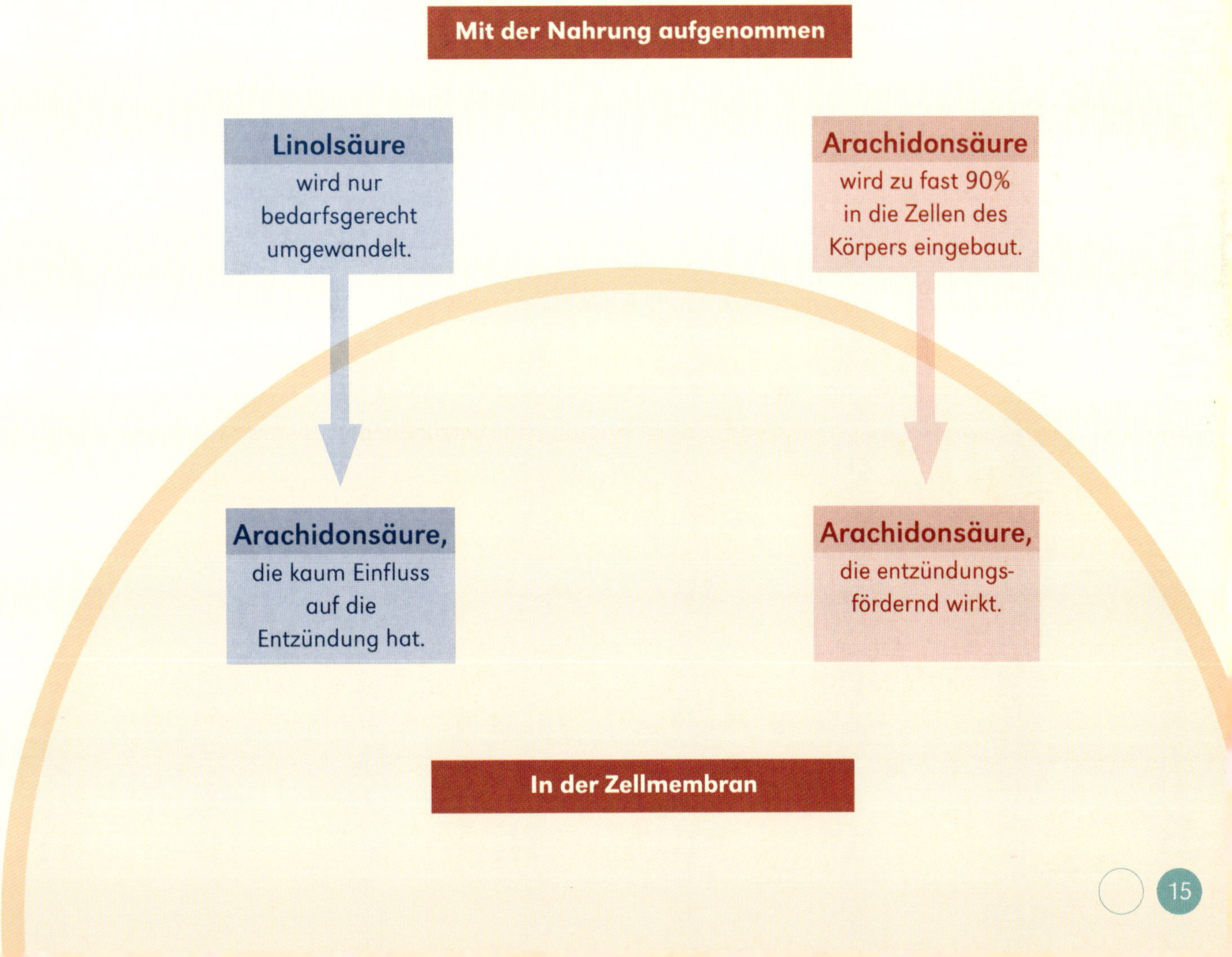

Welche und wie viel von den Fettsäuren?

Die Abbildung 4 zeigt vier mehrfach ungesättigte Fettsäuren, die bedeutsam für Sie sind. Alle haben Einfluss auf die Entzündung bei Multipler Sklerose. Entzündungsverstärkend wirkt nur die Arachidonsäure, entzündungshemmend nur die Eicosapentaensäure. Linolsäure und α-Linolensäure haben keine eigene Wirkung, sie sind jedoch die Vorstufen der wirksamen Fettsäuren. Der tierische Organismus, also auch der Mensch, bildet aus Linolsäure die entzündungsfördernde Arachidonsäure. Die Umwandlung der Linolsäure ist aber sehr begrenzt, wie die Abbildung 3 zeigt. Alle in Abbildung 4 gezeigten Fettsäuren hemmen die Umwandlung der Linolsäure. Der stärkste Hemmstoff ist die Arachidonsäure. Wenn in Ihrer Kost kleine Mengen tierischer Produkte enthalten sind, so stellt der Körper die eigene Bildung der Arachidonsäure ein (Abbildung 3).

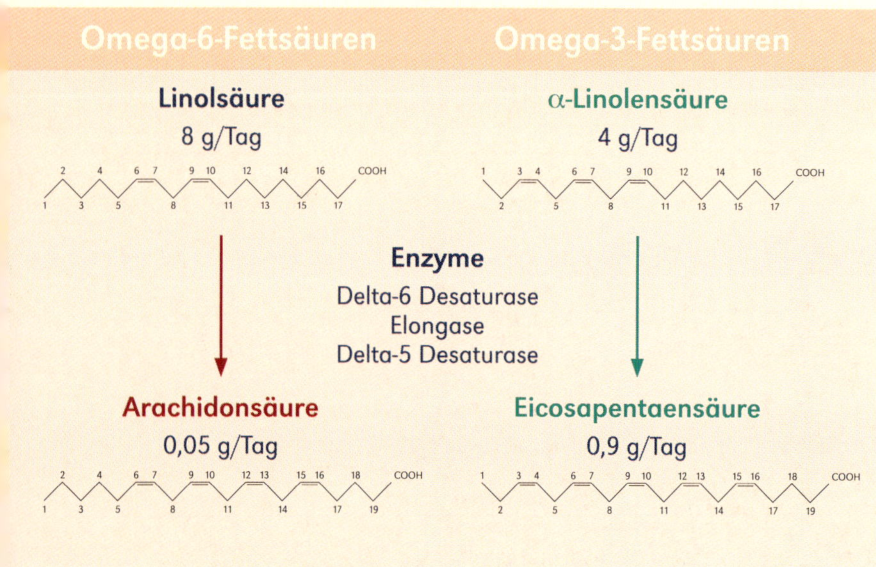

Abbildung 4
Die richtige Zufuhr der mehrfach ungesättigten Fettsäuren und deren Umwandlung im menschlichen Körper

Etwas schwächer hemmend wirken die anderen drei in Abbildung 4 gezeigten Fettsäuren. Die Umwandlung der α-Linolensäure zur erwünschten Eicosapentaensäure unterliegt denselben Regelmechanismen. Es kommt nun darauf an, die Arachidonsäurebildung gering zu halten, die der Eicosapentaensäure aber nicht zu behindern. Dies gelingt mit den in Abbildung 4 angegebenen Mengen der einzelnen Fettsäuren. Wie man das praktisch macht, erfahren Sie im Folgenden.

Die richtige Zufuhr der mehrfach ungesättigten Fettsäuren ist die wichtigste diätetische Maßnahme bei MS. Ihr besonderes Augenmerk sollte auf die Arachidonsäure und die Eicosapentaensäure gerichtet sein, wohingegen Sie sich um die Linolsäure und die α-Linolensäure weniger Gedanken machen müssen. Die Zufuhr der Arachidonsäure bekommen Sie durch eine vegetarisch orientierte Kost mit täglichem Genuss von Milchprodukten und pro Woche zwei Fleischmahlzeiten und zwei Eiern in den Griff (Tabelle 4). Besonders wichtig ist die Eicosapentaensäure, deren Zufuhr am Anfang nur mit Fischölkapseln gewährleistet ist. Die Linolsäure und α-Linolensäure sind von geringer Bedeutung. Sie können die richtige Zufuhr dadurch erreichen, dass Sie im Haushalt die empfohlenen Speiseöle (Rapsöl, Walnussöl, Sojaöl und Leinöl) verwenden.

Tabelle 2
Empfohlener Tagesbedarf ungesättigter Fettsäuren

	Wirkung	Empfohlene Zufuhr bei MS (Gramm pro Tag)
Arachidonsäure	**entzündungsfördernd**	**0,05**
Linolsäure	**keine eigene Wirkung**	**8,0**
α-Linolensäure	**keine eigene Wirkung**	**4,0**
γ-Linolensäure	**entzündungshemmend**	**1,0 - 2,0**
Eicosapentaensäure	**entzündungshemmend**	**0,9**

Mehrfach ungesättigte Fettsäuren, die den Entzündungsprozess hemmen

γ-Linolensäure

γ-Linolensäure ist die Vorläufersubstanz der Arachidonsäure, wird aber offenbar nicht wesentlich vom Menschen zu Arachidonsäure umgewandelt, sondern nur zu Dihomo-γ-Linolensäure aufgebaut. γ-Linolensäure findet sich in größerer Menge im Nachtkerzenöl, dem Kernöl der schwarzen Johannisbeere und im Borretschöl. Aus Dihomo-γ-Linolensäure werden eigene Botenstoffe gebildet, die den Entzündungsprozess hemmen. Eine ausreichend hohe Zufuhr ist nur mit Kapseln möglich, die im Handel erhältlich sind. Bisher konnte noch nicht bewiesen werden, dass Dihomo-γ-Linolensäure eine bessere Wirkung als Eicosapentaensäure hat.

α-Linolensäure hemmt die Bildung der Arachidonsäure und die Entzündung

α-Linolensäure findet sich in allen grünen Pflanzen. Besonders reichlich ist sie in bestimmten Pflanzenölen, wie dem Walnussöl, dem Soja- und Leinöl, enthalten. Sie kann im Körper zu der sehr wirksamen Eicosapentaensäure aufgebaut werden und damit den Entzündungsprozess vermindern. Diese Umwandlung geht aber sehr langsam vor sich und eine Wirkung ist etwa nach zwei Monaten einer erhöhten Zufuhr von α-Linolensäure zu erhoffen.

Fischöle wirken der Arachidonsäure entgegen

Für Forscher interessant und anfangs unerklärlich war die Tatsache, dass Grönland-Eskimos kaum Krankheiten hatten, bei denen Entzündungsstoffe (Eicosanoide) vermehrt gebildet werden. Diese Krankheiten – zu ihnen gehören die Multiple Sklerose, rheumatische Erkrankungen und die Arteriosklerose – treten bei Grönland-Eskimos kaum auf. Den Zusammenhang mit der fischreichen Ernährung dieser Volksgruppe bewies erst die Erkenntnis, dass Fischöle die Umwandlung der Arachidonsäure zu entzündungsauslösenden Substanzen unterdrücken können. Die günstige Wirkung der Fischöle beruht auf einem doppelten Effekt: Sie hemmen nicht nur die Bildung der Entzündungsstoffe, sondern sie verdrängen auch die entzündungsauslösende Arachidonsäure aus dem Gewebe.

Die dadurch bewirkte Abnahme der Entzündungsstoffe und die günstige Wirkung auf diese Erkrankungen konnten in Anwendungsstudien gezeigt werden (Adam 2001).

Entzündungshemmende Kost:

Die wirksame Fettsäure in den Fischölen heißt Eicosapentaensäure (EPA, das A kommt vom englischen Word „acid“ für Säure). EPA besitzt ihre Doppelbindung am dritten Kohlenstoffatom (vom Methylende der Kohlenstoffkette aus betrachtet). Man nennt diese Fettsäuren deshalb n-3 (sprich: n minus drei) oder ω-3 (sprich Omega drei) Fettsäuren (Abbildungen 1 und 4).

Tabelle 3

Gehalt von Arachidonsäure und Eicosapentaensäure in ausgewählten Lebensmitteln*

Lebensmittel (je 100 g verzehrbarer Anteil)	Arachidonsäure (mg)	Eicosapentaensäure (mg)
Nahrungsmittel tierischer Herkunft		
Kuhmilch (3,5 % Fett)	4	-
Kuhmilch (1,5 % Fett)	2	-
Speisequark (20 % Fett i. Tr.)	5	-
Hühnerei (Gesamtei)	70	-
Eigelb	210	-
Kalbfleisch (Muskel)	50	-
Rindfleisch (Filet)	30	-
Schweinefleisch (Muskel)	40	-
Fette und Öle		
Butter	110	-
Schweineschmalz	1700	-
Diätmargarine	0	-
Olivenöl	0	-
Fische und andere Meerestiere		
Heilbutt (schwarz)	30	250
Makrele	170	630
Forelle	30	140
Karpfen	120	190
Miesmuschel	70	130
Obst, Salate, Kartoffeln, Gemüse und Nüsse	0	0

Die wichtigsten n-3- und n-6-Fettsäuren sind die Arachidonsäure und die Eicosapentaensäure. Sie sind ausschließlich in tierischen Produkten zu finden. Landtiere enthalten vor allem die entzündungsfördernde Arachidonsäure, Meerestiere die entzündungshemmende Eicosapentaensäure, die deren Arachidonsäureanteil aufwiegt.

* eine ausführliche Tabelle finden Sie im Anhang: Tabelle 1

Ein praktisches Beispiel für die richtige Fettzufuhr

Die wünschenswerte Zusammensetzung der Fette erzielen Sie zum Beispiel durch folgenden Wochenplan:

Tabelle 4
Wochenplan

Vorschlag	Tagesbedarf	Wochensumme
täglich einen halben Liter fettreduzierte Milch (1,5 % Fett i.d.Tr.)	**10 mg Arachidonsäure**	**70 mg Arachidonsäure**
täglich zwei Scheiben Emmentaler Käse (40 Gramm)	**11,2 mg Arachidonsäure**	**78,4 mg Arachidonsäure**
zwei Eier pro Woche (2 x 60 Gramm)		**82 mg Arachidonsäure**
zwei Fleischmahlzeiten pro Woche (2 x 150 Gramm)		**120 mg Arachidonsäure**
		350 mg Arachidonsäure

So nehmen Sie 350 mg Arachidonsäure pro Woche und damit 50 mg Arachidonsäure pro Tag zu sich. Wegen der langen Verweildauer der Arachidonsäure in den Körperzellen kommt es nicht auf die Zufuhrmenge an einem Tag an, wichtiger ist die Einhaltung des durchschnittlichen Limits während einer Woche. Wichtig ist das Einhalten der richtigen Kost über ein langen Zeitraum, da die Wirkung über mindestens 6 Monate stetig zunimmt.

Fischöle werden zu Beginn am besten als Kapseln eingenommen, um eine ausreichende Versorgung sicher zu gewährleisten. Die Anzahl der täglich erforderlichen Kapseln errechnet sich aus deren Gehalt an EPA (Anhang: Tabelle 8).
Diese Behandlung sollte stets unter Kontrolle eines Arztes bleiben.
Am besten geeignet sind Fischölkapseln mit einem möglichst hohen Anteil an EPA. Die Menge an EPA soll zu Beginn bei 900 mg/Tag liegen, was durch die Zufuhr von Fischölkapseln zusätzlich zur Ernährung erreicht werden kann. Nach etwa zwei Monaten ist ein ausreichender Spiegel der EPA erreicht und die Dosis der EPA kann auf 300 mg pro Tag vermindert werden. Ab diesem Zeitpunkt ist die alleinige Zufuhr mit der Nahrung möglich. Wenn Sie pro Woche zwei Matjesheringe essen, so sind darin 2,1 g EPA enthalten, entsprechend 300 mg pro Tag. Allerdings ist der EPA-Anteil in den Fischen vom Fanggebiet und natürlich von ihrem Fettgehalt abhängig. Zuchtlachse haben einen wesentlich geringeren Anteil an EPA als Kanadischer Wildlachs, da die Fütterungsbedingungen besonders großen Einfluß haben.

Gleichzeitig wird begonnen, die richtigen Speiseöle zu verwenden. Statt der üblichen an Linolsäure reichen Öle (Distelöl, Sonnenblumenöl, Mazolaöl, Maisöl) werden die Öle mit einem ausreichenden Anteil an α-Linolensäure verwendet (Rapsöl, Walnussöl, Sojaöl, Leinöl).

Mit dieser Ernährung nehmen die Spiegel der Arachidonsäure langsam ab. Nach etwa 6 Monaten ist der Spiegel der EPA optimal eingestellt und bei einer an Arachidonsäure armen Ernährung genügt dann meistens die Verwendung der günstigen Speiseöle und zweimal wöchentlicher Fischverzehr.

Antioxidantien hemmen die Entzündung

Antioxidantien hemmen die durch Sauerstoffradikale ausgelöste Umwandlung der Arachidonsäure zu Entzündungsstoffen. Hemmstoffe der Sauerstoffradikale sind die Vitamine C und E. In Verbindung mit anderen Wirkstoffen (Enzymen) sind die Spurenelemente Selen, Kupfer und Zink beim Abbau der Sauerstoffradikale von Bedeutung.

Antioxidantien wandeln die schädlichen Sauerstoffradikale zu unschädlichem Luftsauerstoff und Wasser um.

Vitamin E befindet sich in der Zellmembran direkt neben der Arachidonsäure, die besonders leicht mit Sauerstoff-Radikalen reagiert. Vitamin E fängt die schädlichen Sauerstoff-Radikale ab. Dabei wird es selbst inaktiviert. Unter Verbrauch von Vitamin C wird Vitamin E wieder in seine aktive Form gebracht. Im nächsten Schritt kann Vitamin C durch einen selenhaltigen Wirkstoff regeneriert werden, der seinerseits durch kupfer- und zinkhaltige Wirkstoffe nachgebildet werden muss. Nur das Funktionieren der gesamten Kette gewährleistet die Entgiftung der Sauerstoff-Radikale und die Verringerung der Entzündung. Deshalb ist hier besonders auf eine ausgewogene Ernährung und gegebenenfalls auf eine zusätzliche Einnahme von Vitamin E Kapseln und Selen zu achten.

Während eines Schubes ist eine tägliche Aufnahme von 200 mg Vitamin E (D-α-Tocopherol) wünschenswert, während der Remission genügen 100 mg.

Selen wird in einer Menge von etwa 100 µg (millionstel Gramm) pro Tag benötigt. Dabei werden durch die Nahrung oft nur etwa 50 µg zugeführt, so dass in der Remission eine Ergänzung von 50 µg, beim MS-Schub von 100 µg Selen empfehlenswert ist.

Sowohl Vitamin E als auch Selen sollten nicht in zu hoher Menge eingenommen werden. Es gibt Hinweise, dass zu hohe Mengen an Vitamin E das Entzündungsgeschehen verstärken können. Selenüberdosierungen können Vergiftungen verursachen.

Tabelle 5
Antioxidantiengehalt einiger Lebensmittel (Adam 1994)*

Vitamin E-reiche Nahrungsmittel	mg (je 100 g verzehrbarer Anteil)
Weizenkeimöl	174,0
Diätmargarine	67,0
Sonnenblumenöl	63,0
Maiskeimöl	34,0
Sojaöl	17,0
Olivenöl	12,0

β-Karotin-reiche Nahrungsmittel	mg (je 100 g verzehrbarer Anteil)
Palmöl	21,0
Möhren	7,6
Grünkohl	5,2
Spinat	4,8
Mangold	3,5
Pfifferlinge	1,3

Vitamin C-reiche Nahrungsmittel	mg (je 100 g verzehrbarer Anteil)
Sandornsaft	266,0
Johannisbeere (schwarz)	177,0
Petersilie (Blatt)	161,0
Paprikaschoten	121,0
Brokkoli	100,0
Rosenkohl	112,0
Kiwi	46,0

Selenreiche Nahrungsmittel	µg (je 100 g verzehrbarer Anteil)
Kokosnuss	810,0
Pistazie	450,0
Hering	43,0
Thunfisch	82,0
Steinpilz	184,0
Sojabohnen	19,0

* ausführliche Tabellen finden Sie im Anhang: Tabellen 2, 5, 6, 7

Praktische Hinweise zu den wichtigsten Antioxidantien

Vitamin C (Ascorbinsäure)*

Bei Entzündungen, also auch bei Multipler Sklerose, besteht ein gesteigerter Bedarf an Vitamin C. Um die Körperspeicher völlig zu füllen, sind 200 mg Vitamin C pro Tag ausreichend. Diese Menge wird fast vollständig resorbiert. Höhere Mengen werden nicht vollständig vom Darm aufgenommen, überschüssig aufgenommenes Vitamin C wird zudem über die Nieren ausgeschieden. Vitamin C findet sich in Obst, Gemüse und Kartoffeln, vor allem in der Schale und in den darunter liegenden Fruchtteilen. Wird beispielsweise eine Kartoffel dick geschält, vermindert sich der Vitamin C-Gehalt um bis zu 100%! Große Verluste entstehen auch bei Lagerung, Erhitzen, Kochen und vor allem beim Aufwärmen!

Tipp:

Morgens 100 ml Sandornsaft oder 200 ml Johannisbeersaft (schwarz). Diese enthalten 200 mg Vitamin C.

* ausführliche Tabellen finden Sie im Anhang: Tabellen 5 und 7

Vitamin E (D-α-Tocopherol)*

Ein erhöhter Bedarf besteht bei allen entzündlichen Erkrankungen. Vitamin E ist in den Samen der Pflanzen und in den daraus gewonnenen Ölen und Fetten enthalten. Zur Entzündungshemmung sind höhere Dosen nötig, als mit der Nahrung zugeführt werden können. Deshalb ist ergänzend eine Zufuhr durch Vitamin E-Kapseln erforderlich. In den verfügbaren Präparaten sind unterschiedliche Arten des Vitamin E enthalten, die entsprechend der chemischen Struktur auch unterschiedlich antioxidativ wirksam sind. Die höchste biologische Wertigkeit, also die beste Wirkung, hat das D-α-Tocopherol, wie es heute auch als Arzneimittel in der Apotheke zu haben ist. Achten Sie beim Kauf von Vitamin E-Kapseln genau auf die angegebenen Inhaltsstoffe, um minderwertige Produkte zu vermeiden. Die Zufuhr von Vitamin E sollte nicht höher als 200 I.E. (I.E.: Internationale Einheiten) α-Tocopherol pro Tag sein.
Die Einnahme von Vitamin E in überhöhter Dosierung kann nachteilige Folgen haben, da Vitamin E die Bildung von Immunglobulinen verstärkt. Immunglobuline werden bei der Multiplen Sklerose verstärkt gebildet, genauso wie bei anderen Autoimmunerkrankungen.

Tipp:

Weizenkeimöl für Salate verwenden. 10 g enthalten 21 mg Vitamin E.

* ausführliche Tabellen finden Sie im Anhang: Tabellen 5 und 7

Weitere Nährstoffe mit möglicher Wirkung

Vitamin D:

Seit langem ist bekannt, dass die MS in nördlichen Breiten häufiger auftritt, als in südlichen Ländern. Neuere Untersuchungen haben gezeigt, dass Vitamin D, neben seiner Wirkung auf die Festigkeit der Knochen, auch bei entzündlichen Erkrankungen eine Rolle spielt. Tatsächlich gibt es ernst zu nehmende Untersuchungen, die zeigen, dass eine schlechte Versorgung mit Vitamin D das Auftreten der MS begünstigt und den Verlauf verschlechtert.

Für Sie ist es also wichtig, den Spiegel des Vitamin D nicht absinken zu lassen. Am besten geht das mit der Bewegung an der frischen Luft, da unser Körper das Vitamin reichlich selbst bilden kann – wenn wir an die Luft gehen. Wer meist im Haus verweilt, der sollte an die Einnahme von Vitamin D denken, denn unsere Nahrung enthält kaum Vitamin D. Das liegt an den Kühen, die ebenfalls im Stall stehen und nicht auf der Weide sind.

Psoralen

Einige Studien deuten darauf hin, dass der Wirkstoff Psoralen eine Besserung des Verlaufs bei MS bewirken kann. Psoralen (5-Methoxypsoralen) hemmt den Kaliumtransport und kann Nervenfasern, wenn sie noch nicht ganz unterbrochen sind, wieder leitfähig machen. Anwendungsstudien mit psoralenreichem Gemüse oder Tee haben erste Erfolge bei Patienten mit MS gezeigt (Bünger und Koppenhöfer 1996). Die erforderliche Dosis liegt bei etwa 20 mg pro Tag.

Pflanze	Psoralen (mg/100 g)
Sellerie	**1,4**
Fenchel	**0,5**
Pastinaken	**bis zu 43**
Petersilie	**0.8**
Tee	
Angelika (Wurzel)	**bis zu 100**
Gartenraute (Ruta-Tee)	**bis zu 223**

Tabelle 6
Psoralengehalt einiger Pflanzen und Teesorten

Spurenelemente: Kupfer, Selen, Zink*

Diese Spurenelemente sind wichtige Bestandteile antioxidativ wirksamer, entzündungshemmender Enzyme. Eine optimale Versorgung mit Kupfer, Selen und Zink verbessert die Wirksamkeit dieser Enzyme deutlich.

Die intensiv landwirtschaftlich genutzten Böden enthalten nur noch sehr wenig Selen, so dass die darauf wachsenden Pflanzen das Spurenelement nicht anreichern können. Die durchschnittliche tägliche Aufnahme von Selen mit der Nahrung liegt in Deutschland bei 47 µg (Männer) bzw. 38 µg (Frauen). Bei chronischen entzündlichen Erkrankungen ist der Tagesbedarf höher, so dass diese Patienten regelmäßig zu niedrige Blutspiegel aufweisen.

Klinische Untersuchungen deuten darauf hin, dass zusätzliche Selen- und Zinkgaben immunologische Erkrankungen verbessern können. Dabei scheint Selen eine besondere Bedeutung zu haben, weil es auch die Vitamin E-Wirkung verstärkt.

Tipp:

Morgens zum Müsli Pistazien, Kokosnuss, Sonnenblumenkerne

* ausführliche Tabellen finden Sie im Anhang: Tabellen 2, 3 und 4

Tabelle 7

Empfohlene Tageszufuhr der Vitamine C, D, E, des β-Karotin und der Spurenelemente für gesunde Erwachsene und Patienten mit entzündlichen Erkrankungen (Deutsche Gesellschaft für Ernährung)

	Gesunde	MS-Patienten	
		geringe Aktivität	hohe Aktivität
β-Karotin	2,0 – 4,0 mg	15,0 mg	15,0 mg
Vitamin C	100,0 mg	100,0 mg	200,0 mg
Vitamin E	12,0 mg	100,0 mg	200,0 mg
Kupfer	1,5 mg	1,5 mg	1,5 mg
Selen	70,0 µg	100,0 µg	200,0 µg
Zink	10,0 mg	15,0 mg	30,0 mg

Entzündungshemmende Kost:

- **Verminderung der entzündungsfördernden Arachidonsäure durch vegetarische Kost.**
- **Zufuhr von n-3-Fettsäuren (γ-Linolensäure, Eicosapentaensäure): wenig über längere Zeit ist besser als viel auf einmal.**
- **Linolsäure: nicht zuviel und nicht zu wenig. 8 g pro Tag sind gut.**
- **Antioxidantien verhindern die Bildung der entzündungsfördernden Eicosanoide.**

Entzündungsverstärker: Eisen, Alkohol, Zigarettenrauchen, Stress

Eisen hat bei entzündlichen Erkrankungen eine besondere Bedeutung. Sogenannte Entzündungszellen reichern das Eisen aus der Nahrung speziell an den Orten der Entzündung an. Eine zu hohe Eisenzufuhr kann deshalb die Entzündung verstärken und den Organismus belasten.

Ein Gläschen Rotwein hebt die Stimmung und liefert Antioxidantien. Aber Vorsicht! Alkohol ist ein Nährstoffräuber besonderer Art. In großen Mengen genossen verstärkt er das Entzündungsgeschehen, indem er die Oxidation der Arachidonsäure fördert. Ähnlich wirkt das Zigarettenrauchen. Nicht zu vernachlässigen ist auch der ungünstige Einfluss von Stress, der alle oxidativen Vorgänge z. B. über hormonelle Faktoren verstärken kann. Eine gesunde Lebensweise ist daher für den Patienten mit Multipler Sklerose besonders wichtig.

Praktische Ratschläge für eine entzündungshemmende Kost

Die Verminderung der Arachidonsäure im Körper und die Normalisierung der überhöhten Bildung von Entzündungsstoffen (Eicosanoide) ist das Ziel der Ernährung bei Multipler Sklerose.

Die wichtigste Maßnahme ist eine an Arachidonsäure arme Kost. Vor allem müssen Sie auf die versteckten tierischen Fette achten. Diese finden sich in allen Produkten tierischer Herkunft, also in Wurst, Ei, Käse, Milch und somit auch in den daraus gefertigten Nudeln, Kuchen, Keksen, Backwaren, Saucen und Mayonnaisen. Der Arachidonsäure-Anteil der Milch ist gering und kann durch die Verwendung von fettarmen Produkten weiter gesenkt werden.

Ein völliger Verzicht auf Fleisch ist zwar möglich, aber nicht anzuraten, denn Fleisch liefert wertvolles Eiweiß, Eisen und Spurenelemente. Die erforderliche Menge wird mit zwei Fleischmahlzeiten pro Woche gedeckt.

Fische, besonders die fettreichen Arten, wie Makrele, Hering und Lachs, sind die einzige Quelle für Eicosapentaensäure (EPA) in unserer Kost. Dieser wirksamste Hemmstoff der Entzündung in unserer Nahrung gleicht der Arachidonsäure bis auf eine Doppelbindung. Darauf beruht ihre entzündungshemmende Wirkung. Zwei Fischmahlzeiten pro Woche haben sich bei Patienten mit Arteriosklerose als wirksam erwiesen. Mit Fisch werden wertvolles Eiweiß, Jod und Spurenelemente zugeführt. Sojagerichte können zum Teil den Fisch ersetzen. Die Vorstufe der gewünschten Eicosapentaensäure ist im Sojaöl und in einigen Pflanzenölen enthalten.

Sojaöl, Leinöl und Rapsöl enthalten die α-Linolensäure, die im Körper zu Eicosapentaensäure aufgebaut wird. Diese Pflanzenöle verstärken die entzündungshemmende Wirkung der Kost. An den übrigen Tagen der Woche werden vegetarische Gerichte empfohlen, um die Arachidonsäure-Zufuhr niedrig zu halten. Beim Kochen ist besonders auf eine schonende Zubereitung zu achten, um den Gehalt an Vitaminen und Spurenelementen zu erhalten. Abzuraten ist von leeren Energielieferanten wie Alkohol, weißem Mehl und Zucker.

Eine einseitige Kost ist immer falsch, denn Ihr Körper braucht gerade infolge der Erkrankung eine ausreichende und ausgewogene Ernährung. Dazu gehört auch ein sinnvoller Umgang mit Linolsäure. Sie ist für die Zellen des Körpers, besonders die Blutzellen, ein wichtiger Baustein.

Linolsäure hält die roten und weißen Blutzellen geschmeidig und ist für den Wasserhaushalt sowie für viele andere Funktionen der Zelle erforderlich. Zudem wird, wie oben ausgeführt, vom Körper nur eine begrenzte Menge zu Arachidonsäure umgesetzt. Die krankhaft gesteigerte Bildung der Entzündungsstoffe kann neben den angegebenen Ernährungsmaßnahmen auch noch durch Fischölkapseln, Selen, Vitamin C und E vermindert werden. Besonders wichtig scheint eine Nahrungsergänzung mit Vitamin E und Selen, da diese Antioxidantien in der üblichen Kost für Patienten mit Multipler Sklerose nicht in ausreichender Menge enthalten sind (Adam et al. 1995).

Ausführliche Informationen über den Gehalt der einzelnen Nahrungsmittel an mehrfach ungesättigten Fettsäuren, an Vitaminen und Spurenelementen können Sie den Übersichtstabellen im Anhang entnehmen.

Keinesfalls ist es anzuraten, Experimente mit einseitigen Kostformen oder mit „Megadosen" zu wagen, in der Hoffnung, viel hilft viel. Unseren bisherigen Erkenntnissen nach steht es jedoch außer Frage, dass bei immunologischen Erkrankungen, wie der Multiplen Sklerose, der Ernährung ein hoher Stellenwert zukommt. Der Verlauf der Multiplen Sklerose kann durch entsprechende Ernährung entscheidend gebessert werden. Voraussetzung ist, dass die Ernährungsmaßnahmen über einen genügend langen Zeitraum beibehalten werden.

Informationen über eine gesunde Ernährung und Ratschläge zur Kostgestaltung

Deutsche Gesellschaft für Ernährung, Vogelbergstraße, 60316 Frankfurt/Main, Tel.: 069/97 68 030.

Lebensmitteltabellen für die Praxis, Dt. Forschungsanstalt f. Lebensmittelchemie, Wissenschaftliche Verlagsgesellschaft Stuttgart, 2. überarb. u. erweiterte Auflage 1991, ISBN 3-8047-1142-1

Regeln für das Leben mit Multipler Sklerose

1. Ernähren Sie sich nach den hier vorgestellten Richtlinien.
2. Halten Sie die von Ihrem Arzt verordnete Therapie genau ein. Diese wird durch die richtige Ernährung unterstützt, aber nicht ersetzt.
3. Lernen Sie, mit der Krankheit zu leben. Es gibt keinen Grund zu resignieren. Suchen Sie Unterstützung in den MS-Selbsthilfegruppen. Zusätzliche Möglichkeiten sind Gruppentherapien und Verhaltenstherapien, die ebenfalls in den Selbsthilfegruppen angeboten werden.
4. Bringen Sie Ordnung in Ihr Leben. Gehen Sie Ihren persönlichen Weg. Bleiben Sie selbstbewusst und stehen Sie über den Dingen. Vermeiden Sie den Streit über Nebensächlichkeiten und versuchen Sie, Ihre Partnerschaft so gut wie möglich zu gestalten. Machen Sie sich jeden Tag klar, was Ihnen am wichtigsten ist, und verzetteln Sie sich nicht mit Nebensächlichkeiten.

MS-Selbsthilfegruppen bieten wertvolle Unterstützung an

Adressen des für Sie regional zuständigen DMSG Landesverbandes und dessen lokale Kontaktgruppe erhalten Sie von der

Deutschen Multiple Sklerose Gesellschaft (DMSG), Bundesverband e. V.
Vahrenwalderstraße 205-207
30165 Hannover
Tel.: 0511/96834-0
Fax: 0511/96834-50

Das Myelin-Projekt ist eine weitere Hilfs- und Selbsthilfegemeinschaft:

Das Myelin-Projekt e. V.
Zum Schlehenberg 2
56745 Volkesfeld
Tel.: 02655/9602-70
Fax: 02655/9602-69

Kurz zusammengefasst - Ernährung bei Multipler Sklerose

1. Begrenzen Sie Ihren Fleischkonsum auf zwei Fleischmahlzeiten pro Woche. Achten Sie darauf, dass diese Portionen nicht übermäßig groß sind. Meiden Sie Wurst und Innereien.

2. Verzichten Sie ganz auf tierische Fette wie Butter, Schweineschmalz oder Gänsefett. Statt dessen verwenden Sie Diätmargarine und pflanzliche Öle möglichst mit günstigen (n-3)-Fettsäuren, z. B. Sojaöl, Leinöl, Weizenkeimöl.

3. Essen Sie nicht mehr als zwei Eigelb pro Woche. Statt dessen verwenden Sie Ei-Ersatzprodukte wie z. B. pflanzliches Bindemittel. Achten Sie besonders darauf, keine eihaltigen Teigwaren zu verzehren. Nur deutsche Eiernudeln enthalten Hühnerei, die italienischen Produkte und Nudeln aus Hartweizengries sind eifrei.

4. Milchprodukte sind für Sie sehr wichtig: es müssen aber fettarme Produkte sein, z. B. 1,5 %iger Joghurt, 10 %ige saure Sahne, 10 %iger Kaffeerahm, Magerquark. Meiden Sie Vollmilch. Statt Wurst verwenden Sie Hart- und Schnittkäse, der Fettgehalt darf jedoch nicht höher als 45 % i.d.Tr. sein.

5. Nehmen Sie zwei- bis dreimal pro Woche eine Fischmahlzeit zu sich.

6. Verwenden Sie täglich zum Frühstück Vollkornprodukte, z. B. Vollkornbrot, -mehl, -reis, -nudeln oder -haferflocken, auch mit Nüssen (Spurenelemente).

7. Soja/Tofugerichte sind ein guter Fleischersatz und können zwei- bis dreimal pro Woche Ihren Speisezettel ergänzen.

8. Essen Sie täglich Obst und Gemüse. Eiweißreiche Hülsenfrüchte, Pilze und kalziumreiche Gemüsesorten wie Lauch, Mangold, Fenchel, Broccoli, Spinat, Grünkohl, Pastinaken sowie Nüsse und Samen sind besonders zu empfehlen. Obst und Obstsäfte sind wichtige Lieferanten von Vitamin C.

Empfehlenswerte und nicht empfehlenswerte Lebensmittel

Lebensmittel	Empfehlenswert	Nicht empfehlenswert
Gemüse	alle Arten (frisch oder tiefgefroren bevorzugen), Sprossengemüse, Fenchel, Sellerie, frische Küchenkräuter wie Petersilie	Gemüse in fettreichen (Soßen-) Zubereitungen
Hülsenfrüchte	alle Arten	
Früchte	alle Arten (frisch oder tiefgefroren bevorzugen)	
Kartoffeln	mit wenig Wasser gekocht, als Püree mit Milch, Folien- oder Pellkartoffeln, mit Käse überbacken	Pommes frites, ungeeignetes Fett bei Bratkartoffeln usw.
Brot	alle Arten (Vollkornbrote bevorzugen)	
Nährmittel und Getreideprodukte	Vollkornflocken, Vollkorn- oder Parboiled Reis, Vollkornnudeln, eifreie Teigwaren, Sojanudeln	Eierteigwaren
Kuchen und Gebäck	trockene, fettarme Teige oder Quark-Öl-Teig mit Rapsöl und pflanzlichem Ei-Ersatz	Sahnetorte, Fettgebackenes
Nüsse und Kerne	Walnüsse, Haselnüsse, Mandeln, Soja- u. Sonnenblumenkerne, Sesam	

Lebensmittel	Empfehlenswert	Nicht empfehlenswert
Getränke	Angelika-Tee, Gartenraute-Tee, Kalziumhaltige Mineralwasser, reine Fruchtsäfte, Schorlen, Gemüsesäfte, 1 Glas Rotwein	Alkohol
Milch und Milchprodukte	Buttermilch, Trinkmolke, fettarme Milch und Magermilch, fettarmer Kefir und weitere Sauermilchprodukte, Magerquark, Hüttenkäse, Käse nicht höher als 45% Fett in der Trockenmasse	Sahne, alle fettreichen Milchprodukte, Käsesorten über 45 % Fett in der Trockenmasse
Fette und Öle	Sojaöl, Leinöl, Rapsöl, Walnussöl, Sojamargarine, Weizenkeimöl	Speck, Schmalz, Plattenfette, Butter
Eier	2 Eigelb pro Woche, Eiersatzstoffe	Eihaltige Produkte z. B. Kuchen, Nudeln
Fisch	alle See- und Süßwasserfische, Krusten- und Schalentiere	mit ungeeigneten Fetten zubereitete Fische
Fleisch- und Wurstwaren	Zwei kleine Fleischmahlzeiten pro Woche	alle Wurstsorten und fettes Fleisch oder fetter Schinken

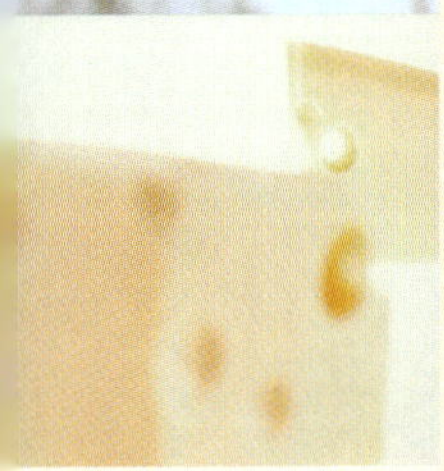

Übersichtstabellen

Tabelle 1

Die wichtigsten Fettsäuren nach Lebensmittelgruppen

Lebensmittel (je 100 g verzehrbarer Anteil)	Linolsäure (g)	α-Linolensäure (g)	Arachidonsäure (mg)	Eicosapentaensäure (mg)
Milch und Milchprodukte				
Magermilch	0,0	0,0	0	0
Kuhmilch (1,5 % Fett)	0,0	0,0	2	0
Kuhmilch (3,5 % Fett)	0,1	0,0	4	0
Buttermilch	0,0	0,0	1	0
Molke, süß	0,0	0,0	0	0
Joghurt (0,3 % Fett)	0,0	0,0	0	0
Joghurt (1,5 % Fett)	0,0	0,0	2	0
Joghurt (3,5 % Fett)	0,1	0,1	4	0
Saure Sahne (10 % Fett)	0,3	0,2	11	0
Schlagsahne (30 % Fett)	0,6	0,2	32	0
Speisequark, mager	0,0	0,0	0	0
Speisequark (20 % Fett i. Tr.)	0,1	0,0	5	0
Speisequark (40 % Fett i. Tr.)	0,2	0,1	11	0
Emmentaler (45 % Fett i. Tr.)	0,5	0,3	28	0
Edamer (45 % Fett i. Tr.)	0,4	0,2	28	0
Gouda (45 % Fett i. Tr.)	0,3	0,3	29	0
Tilsiter (45 % i. Tr.)	0,5	0,2	28	0
Camembert (45 % Fett i. Tr.)	0,4	0,2	22	0
Mozzarella	0,4	0,1	16	0
Eier				
Entenei (Gesamtei)	0,6	0,1	340	0

Lebensmittel (je 100 g verzehrbarer Anteil)	**Linolsäure** (g)	**α-Linolensäure** (g)	**Arachidonsäure** (mg)	**Eicosapentaensäure** (mg)
Hühnerei (Gesamtei)	1,7	0,1	70	0
Hühnereigelb	4,8	0,3	210	0
Fette und Öle				
Butter	1,2	0,4	110	0
Diätmargarine	33,1	1,8	0	0
Pflanzenmargarine	17,6	2,6	0	0
Erdnussöl	21,6	0,0	0	0
Kürbiskernöl	49,4	0,5	0	0
Leinöl	13,9	54,2	0	0
Maiskeimöl	55,3	0,9	0	0
Olivenöl	8,3	0,9	0	0
Palmöl	10,1	0,5	0	0
Rapsöl	22,3	9,2	0	0
Safloröl (Distelöl)	75,1	0,5	0	0
Sesamöl	42,7	0,0	0	0
Sojaöl	53,1	7,7	0	0
Sonnenblumenöl	63,0	0,5	0	0
Traubenkernöl	65,9	0,5	0	0
Walnussöl	55,1	12,9	0	0
Weizenkeimöl	55,7	7,8	0	0
Rindertalg	2,5	0,4	240	0
Schweineschmalz	9,1	1,0	1700	0

Lebensmittel (je 100 g verzehrbarer Anteil)	Linolsäure (g)	α-Linolensäure (g)	Arachidon-säure (mg)	Eicosapentaen-säure (mg)
Fleisch und Fleischprodukte				
Kalbfleisch (Muskelfleisch)	0,2	0,0	50	0
Lammfleisch (Muskelfleisch)	0,1	0,1	10	0
Rindfleisch (Muskelfleisch)	0,1	0,0	20	0
Rindfleisch (Filet)	0,1	0,0	30	0
Rindfleisch (Hüfte)	0,1	0,0	20	0
Rindfleisch (Lende)	0,1	0,1	40	0
Rindfleisch (Schulter)	0,2	0,1	40	0
Rinderherz	0,1	0,1	50	0
Schweinefleisch (Muskelfl.)	0,2	0,0	40	30
Schweinebauch, geräuchert	2,8	0,5	130	0
Schweineherz	0,7	0,0	190	90
Schweineleber	0,5	0,0	490	180
Schweineniere	0,5	0,0	350	140
Schweineschinken, gekocht	0,3	0,0	50	0
Schweineschinken, roh, geräuchert	0,3	0,0	50	10
Schweinespeck, durchwachsen	2,9	0,2	250	0
Leberwurst	1,2	0,5	200	0
Huhn (Brust mit Haut)	1,1	0,1	160	10
Huhn (Schlegel mit Haut und Knochen)	2,0	0,1	330	0

Lebensmittel (je 100 g verzehrbarer Anteil)	**Linolsäure** (g)	**α-Linolensäure** (g)	**Arachidonsäure** (mg)	**Eicosapentaensäure** (mg)
Truthahn (Brust ohne Haut)	0,2	0,0	50	0
Truthahn (Schlegel, Keule ohne Haut)	0,8	0,0	170	0
Fische und andere Meerestiere				
Aal	1,2	0,7	120	260
Auster	0,0	0,0	10	90
Bismarckhering	0,1	0,1	30	1830
Flunder	0,0	0,0	10	50
Forelle	0,2	0,0	30	140
Garnele	0,1	0,0	70	210
Hecht	0,0	0,1	50	60
Heilbutt (schwarzer Heilbutt)	0,1	0,0	30	250
Heilbutt (weißer Heilbutt)	0,0	0,0	40	140
Hering (Atlantik)	0,2	0,1	40	2040
Hering (Ostseehering)	0,4	0,2	60	740
Hummer	0,1	0,1	10	350
Kabeljau (Dorsch)	0,0	0,0	20	70
Karpfen	0,4	0,2	120	190
Krebs (Flusskrebs)	0,0	0,0	20	50
Lachs	0,4	0,4	190	750
Makrele	0,2	0,3	170	630

Lebensmittel (je 100 g verzehrbarer Anteil)	**Linolsäure** (g)	**α-Linolensäure** (g)	**Arachidon-säure** (mg)	**Eicosapentaen-säure** (mg)
Fische und andere Meerestiere (Fortsetzung)				
Makrele, geräuchert	0,3	0,2	80	1020
Miesmuschel	0,1	0,0	70	130
Rotbarsch (Goldbarsch)	0,1	0,1	240	260
Salzhering	0,1	0,1	20	1760
Sardine	0,1	0,0	10	580
Sardinen in Öl	0,3	0,2	90	1200
Schellfisch	0,0	0,0	20	70
Scholle	0,0	0,0	60	250
Schwarzer Heilbutt, geräuchert	0,2	0,1	50	450
Schwertfisch	0,0	0,2	90	130
Seehecht Europa	0,1	0,0	30	240
Seelachs	0,0	0,0	10	100
Seezunge	0,1	0,0	20	30
Thunfisch	0,2	0,2	240	1380
Zander	0,0	0,0	20	80
Sojaprodukte				
Sojabohne (Samen, trocken)	9,8	0,9	0	0
Sojamehl, vollfett	10,7	1,4	0	0
Getreide, Reis				
Gerste	1,2	0,1	0	0

Lebensmittel (je 100 g verzehrbarer Anteil)	**Linolsäure** (g)	**α-Linolensäure** (g)	**Arachidonsäure** (mg)	**Eicosapentaensäure** (mg)
Hafer	2,7	0,1	0	0
Haferflocken	2,6	0,1	0	0
Hirse	1,8	0,1	0	0
Mais	1,6	0,0	0	0
Reis, unpoliert	0,8	0,0	0	0
Roggen	0,8	0,1	0	0
Weizen	0,8	0,1	0	0
Gemüse, Kartoffel	0 - 0,2	0 - 0,3	0	0
Hülsenfrüchte	0,1 - 3,5	0,2 - 0,3	0	0
Nüsse und Samen				
Cashewnuss	7,2	0,2	0	0
Erdnuss	13,9	0,5	0	0
Haselnuss	8,5	0,1	0	0
Kokosnuss	0,7	0,0	0	0
Mohnsamen, trocken	30,7	0,4	0	0
Paranuss	28,1	0,0	0	0
Pistazie	7,4	0,2	0	0
Sesam, trocken	18,7	0,7	0	0
Sonnenblumenkerne	27,9	0,1	0	0
Walnuss	34,2	7,5	0	0
Obst	0 – 0,2	0 – 0,2	0	0

Tabelle 2

Selenreiche Lebensmittel

Lebensmittel (je 100 g verzehrbarer Anteil)	Selen µg
Fleisch- und Fleischprodukte	
Schweineniere	206
Rinderniere	115
Schweinemilz	35
Kalbsniere	40
Schweineleber	56
Hühnerleber	55
Rindermilz	31
Kalbsleber	24
Rinderleber	21
Rinderlunge	30
Eier	
Hühnereigelb	19
Getreide und Getreideerzeugnisse	
Eierteigwaren (Nudeln, Makkaroni, Spaghetti)	20
Mais, ganzes Korn	12
Haferflocken	10
Reis unpoliert	10
Gemüse, Pilze, Samen und Nüsse	
Kokosnuss	810
Steinpilz	184
Paranuss	103
Sojabohne (Samen, trocken)	19

Lebensmittel (je 100 g verzehrbarer Anteil)	Selen µg
Fische und andere Meerestiere	
Hummer	130
Languste	99
Thunfisch	82
Sardine	60
Miesmuschel	56
Garnele (Nordseegarnele)	50
Rotbarsch (Goldbarsch)	44
Hering (Atlantik)	43
Makrele	39
Seehecht	36
Flunder	35
Scholle	33
Seelachs	31
Forelle	31
Aal	30
Schellfisch	29
Lachs (Salm)	29
Kabeljau (Dorsch)	28
Auster	28
Barsch (Flussbarsch)	27
Seezunge	24
Zander	24
Alaska Seelachs	20
Hecht	20

Tabelle 3

Zinkreiche Lebensmittel

Lebensmittel (je 100 g verzehrbarer Anteil)	Zink mg
Milch und Milchprodukte	
Emmentaler (45 % Fett i. Tr.)	4,6
Edamer (45 % Fett i. Tr.)	4,6
Gouda (45 % Fett i. Tr.)	3,9
Tilsiter (45 % Fett i. Tr.)	3,6
Camembert (45 % Fett i. Tr.)	3,1
Parmesan (36,6 % Fett i. Tr.)	3,0
Fleisch und Fleischerzeugnisse	
Kalbsleber	8,4
Schweineleber	6,5
Rinderleber	4,8
Hammelleber	4,4
Rindfleisch (Muskelfleisch)	4,3
Eier	
Hühnereigelb	3,8

Lebensmittel (je 100 g verzehrbarer Anteil)	Zink mg
Getreide und Getreideerzeugnisse	
Weizenkeime	17,0
Weizenkleie	9,4
Haferflocken	4,4
Weizenvollkornmehl	1,9
Weizenschrot	3,2
Knäckebrot	3,1
Hülsenfrüchte, Samen, Nüsse	
Mohn, getrocknet	8,1
Sonnenblumenkerne	5,6
Leinsamen	5,5
Sojabohne, getrocknet	4,2
Paranuss	4,0
Linse, getrocknet	3,8
Erbse, getrocknet	3,3
Sonstiges	
Kakaopulver, schwach entölt	8,2
Sojamehl, vollfett	4,9

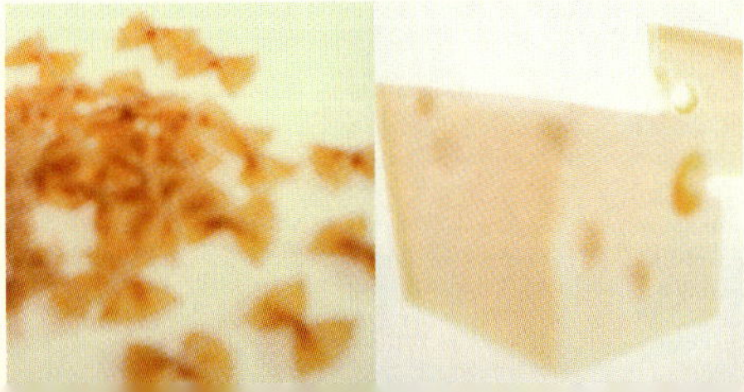

Tabelle 4

Kupferreiche Lebensmittel

Lebensmittel (je 100 g verzehrbarer Anteil)	**Kupfer** mg
Milch und Milchprodukte	
Appenzeller (20 % Fett i. Tr.)	2,0
Emmentaler (45 % Fett i. Tr.)	1,5
Fleisch und Fleischerzeugnisse	
Hammelleber	7,6
Kalbsleber	5,5
Rinderleber	3,2
Schweineleber	1,3
Schweineniere	0,8
Fische und andere Meeresfrüchte	
Garnele (Nordseegarnele)	1,1
Auster	0,9
Hummer	0,7
Getreide und Getreideerzeugnisse	
Weizenkleie	1,3
Weizenkeime	1,1
Buchweizen	0,6
Hirse	0,6
Haferflocken	0,5
Obst und Obsterzeugnisse	
Aprikose, getrocknet	0,8
Pfirsich, getrocknet	0,6

Lebensmittel (je 100 g verzehrbarer Anteil)	**Kupfer** mg
Hülsenfrüchte, Samen und Nüsse	
Cashewnuss	3,7
Prinzessbohne	3,5
Sonnenblumenkerne	1,7
Haselnuss	1,3
Paranuss	1,3
Leinsamen	1,2
Sojabohne, getrocknet	1,2
Mohn	1,0
Walnuss	0,9
Mandel, süß	0,9
Erdnuss	0,8
Erbse, getrocknet	0,7
Linse, getrocknet	0,7
Weiße Bohne, getrocknet	0,6
Sonstiges	
Salz-Dill-Gurke, milchsauer	8,4
Kakaopulver schwach entölt	3,8
Hagebutte	1,8
Kartoffelchips	0,7

Tabelle 5

Vitamin C-reiche Lebensmittel

Lebensmittel (je 100 g verzehrbarer Anteil)	Vitamin C mg
Gemüse	
Paprikaschote	121
Meerrettich	114
Rosenkohl	112
Grünkohl	105
Brokkoli	100
Portulak	72
Blumenkohl	67
Kohlrabi	63
Rotkohl	57
Spinat	51
Wirsingkohl	49
Weißkohl	48
Petersilienwurzel	41
Kräuter	
Petersilienblatt	161
Brunnenkresse	96
Gartenkresse	59

Lebensmittel (je 100 g verzehrbarer Anteil)	Vitamin C mg
Obst	
Hagebutte	1250
Sandornbeere	450
Cashew-Apfel (-Birne)	252
Johannisbeere, schwarz	177
Papaya	80
Kornelkirsche	78
Erdbeeren	63
Zitrone	51
Apfelsine (Orange)	49
Kiwi	46
Limone, Limette	44
Grapefruit	44
Getränke	
Sandornsaft	266
Orangendicksaft	225
Zitronensaft, frisch gepresst	53
Orangensaft, frisch gepresst	49
Orangensaft, Handelsware	43
Grapefruitsaft, frisch gepresst	43
Johannisbeernektar, schwarz	30
Sonstiges	
Hagebuttenmarmelade	51

Tabelle 6

Karotin- und Vitamin A Gehalt ausgewählter Lebensmittel

Lebensmittel (je 100 g verzehrbarer Anteil)	Karotin mg	Vitamin A mg
Milch und Milchprodukte		
Emmentaler (45 % Fett i. Tr.)	0,12	0,27
Parmesan (36,6 % Fett i. Tr.)	0,12	0,34
Camembert (45 % Fett i. Tr.)	0,19	0,33
Limburger (40 % Fett i. Tr.)	0,00	0,38
Sahne (30 % Fett)	0,14	0,31
Eier		
Hühnerei, gesamt	0,01	0,27
Hühnereigelb	0,03	0,88
Fette und Öle		
Butter	0,38	0,59
Diätmargarine	0,20	0,50
Pflanzenmargarine	0,65	0,50
Schweineschmalz	0,00	0,00
Rindertalg	0,22	0,22
Erdnussöl	0,00	0,00
Kürbiskernöl	0,00	0,00
Leinöl	0,00	0,00
Maiskeimöl	0,14	0,00
Olivenöl	0,22	0,00
Palmöl	21,00	0,00
Rapsöl	3,30	0,00
Safloröl (Distelöl)	0,00	0,00
Sesamöl	0,00	0,00
Sojaöl	3,50	0,00
Sonnenblumenöl	0,03	0,00
Traubenkernöl	0,00	0,00

Lebensmittel (je 100 g verzehrbarer Anteil)	Karotin mg	Vitamin A mg
Walnussöl	0,00	0,00
Weizenkeimöl	0,00	0,00
Fleisch und Fleischerzeugnisse		
Kalbfleisch (Muskelfleisch)	0,00	0,00
Kalbsniere	0,00	0,21
Kalbsleber	0,00	28,00
Rindfleisch (Muskelfleisch)	0,00	0,02
Rinderniere	0,00	0,33
Rinderleber	0,00	18,00
Schweinefleisch	0,00	0,01
Schweineniere	0,00	0,06
Schweineleber	0,00	36,00
Hühnerleber	0,00	33,00
Leberwurst	0,00	8,30
Obst		
Aprikose, getrocknet	35,00	0,00
Hagebutte	4,80	0,00
Honigmelone	4,70	0,00
Aprikose	1,60	0,00
Kaki	1,60	0,00
Mango	1,20	0,00
Fische und andere Meerestiere		
Aal	0,00	0,98
Auster	0,00	0,09
Bismarckhering	0,00	0,03
Flunder	0,00	0,01

Lebensmittel (je 100 g verzehrbarer Anteil)	**Karotin** mg	**Vitamin A** mg
Forelle	0,00	0,03
Garnele	0,00	0,00
Hecht	0,00	0,01
Heilbutt (schwarzer Heilbutt)	0,00	0,03
Heilbutt (weißer Heilbutt)	0,00	0,03
Hering (Atlantik)	0,00	0,04
Hering (Ostseehering)	0,00	0,01
Hummer	0,00	0,00
Kabeljau (Dorsch)	0,00	0,01
Karpfen	0,00	0,04
Kaviar	0,00	0,56
Krebs (Flusskrebs)	0,00	0,00
Lachs	0,00	0,04
Makrele	0,00	0,10
Miesmuschel	0,00	0,05
Rotbarsch (Goldbarsch)	0,00	0,01
Salzhering	0,00	0,05
Sardine	0,00	0,02
Sardinen in Öl	0,00	0,05
Schellfisch	0,00	0,02
Scholle	0,00	0,00
Schwertfisch	0,00	0,02
Seehecht Europa	0,00	0,00
Seelachs	0,00	0,01
Seezunge	0,00	0,00
Thunfisch	0,00	0,45
Zander	0,00	0,00

Lebensmittel (je 100 g verzehrbarer Anteil)	**Karotin** mg	**Vitamin A** mg
Gemüse, Salat und Pilze		
Möhre (Karotte)	7,60	0,00
Grünkohl	5,20	0,00
Spinat	4,80	0,00
Feldsalat	3,90	0,00
Chicoree	3,40	0,00
Endivie	1,70	0,00
Rucola	1,40	0,00
Mangold	3,50	0,00
Pfifferlinge (in Dose)	1,30	0,00
Kopfsalat	1,10	0,00
Portulak	1,10	0,00
Hülsenfrüchte		
Bohne, getrocknet	0,40	0,00

Tabelle 7

Vitamin E-reiche Lebensmittel

Lebensmittel (je 100 g verzehrbarer Anteil)	Vitamin E mg
Fette und Öle	
Weizenkeimöl	174,0
Diätmargarine	67,0
Sonnenblumenöl	63,0
Safloröl (Distelöl)	44,0
Maiskeimöl	34,0
Traubenkernöl	32,0
Rapsöl	23,0
Sojaöl	17,0
Olivenöl	12,0
Palmöl	9,5
Halbfettmargarine	6,0
Leinöl	5,8
Getreide	
Weizenkeime	25,0
Samen und Nüsse	
Haselnuss	26,0
Mandel, süß	26,0
Erdnuss	11,0
Paranuss	7,6
Walnuss	6,0
Pistazie	5,2
Sonstiges	
Hühnereigelb	5,7

Tabelle 8

Ausgewählte Präparate und ihre Hersteller

Handelsname	Hersteller	EPA
Fischölkapseln		mg/g
EPAMAX	Merck	300
Eicosan 500/750 Omega-3-Konzentrat Kapseln	redinomedica	164
Eicosapen Kapseln	redinomedica	164
gamma-Linolensäure		
Efamol 500 Kapseln	Asta Medica AG	
Inigamol Kapseln	Norgine	
Vitamin-E-Kapseln		
Elex Verla E Kapseln	Verla-Pharm	
Uno - Vit - 600	Wiedemann	
Selen-Präparationen		
Selenase 100 peroral Trinkamp.	biosyn	
Cefasel 100 µg Tabletten	Cefak	
Zink-Präparationen		
Curazink Kapseln	redinomedica	
Zinkbrause Verla 25 mg Brausetablette	Verla-Pharm	
Zink Verla 10 Filmtabletten	Verla-Pharm	

Weiterführende Literatur

1. Adam O: Diät und Rat bei Rheuma und Osteoporose. Ein Leitfaden für Patienten und Ernährungsberater. Walter Hädecke Verlag, 71263 Weil der Stadt, 2002
2. Adam O, Krämer K: Antioxidantientherapie bei chronischer Polyarthritis. Med. Klin. 90 (Suppl. 1): 27-31, 1995
3. Adam O, Wolfram G, Zöllner N: Wirkung der Linolsäurezufuhr auf die Konzentration der Linolsäure und ihrer Folgeprodukt in einzelnen Plasmalipiden beim Menschen. Ernährungswiss. 24: 274-272
4. Adam O: Anti-inflammatory diet - Rheumatology, 2002
5. Adam O, Wolfram G, Zöllner N: Dietary linoleic acid intake and arachidonich acid formation in healthy volunteers. 2002
6. Alter M, Jamoor M, Harshe M: Multiple sclerosis and nutrition. Ach. Neurol. 31: 267-272, 1974
7. Arzneimittelkommission der deutschen Ärzteschaft: Zur Therapie mit Beta-Interferon 1b bei Multipler Sklerose. Dt. Ärzteblatt 93: A-986, 1996
8. Bates D: Dietary lipids and multiple sclerosis. Usale J. Med. Sci. Suppl. 48, 173-187, 1990
9. Bünger A, Erbersdobler HF, Gerst F, Grunwald G, Koppenhöfer E: Erfahrungen mit einer psoralenreichen Ernährung bei Multipler Sklerose. Akt. Ernähr.-Med. 21: 229-234, 1996
10. Dworkin RH, Bates D, Millar JHD, Paty DW: Linoleic acid and multiple sclerosis: A reanalysis of three double-blind trials. Neuroloy 34: 1441-1445, 1984
11. Fratzer U, Hoffmann H: Schach der MS. Printul Verlagsgesellschaft mbH, 1989
12. Heckl RW: Multiple Sklerose. Thieme Verlag Stuttgart, 1994
13. Kless T, Adam O: Wirkung der Supplementierung mit Fischöl auf die Erythrozyten-Fettsäuren bei Patienten mit chronischer Polyarthritis unter laktovegetarischer Ernährung und unter Normalkost. Akt. Ernähr.-Med. 18: 305-309, 1993
14. Lauer K: The risk of multiple sclerosis in the USA in relation to sociogeographic features: factor analysis study. J. Clin. Epidermiol. 47: 43-48, 1994
15. Nielsen GL, Ernst E, Schmidt EB: Fish oil and rheumatoid arthritis – a review of clinical studies. Omega-3 News 9: 1-3, 199
16. Peretz AM, Neve JD, Famaey JP: Selenium in rheumatic disease. Sem. Arthr. Rheumat. 20: 305-309, 1991
17. Pöhlau D, Hoffmann V, Orlowski G, Adam O, Seidel D: Fette und Multiple Sklerose. Ernährungs-Umschau 44: 136-142, 199
18. Swank RL, Dugan BB: The Multiple Sclerosis Diet Book. Doubleday, New York, 1987
19. Swank RL: Multiple Sclerosis: Twenty years on low fat diet. Arch. Neurol. 23: 460-474, 1970
20. Swank RL: Multiple Sclerosis: Fat-Oil relationship. Nutrition 7: 368-376, 1991

Aktuelle MS-Literatur

Gudrun Warnecke, Diana Braasch:
Bewegungstraining bei Multipler Sklerose
dmv Deutscher Medizin Verlag, Münster 2003
ISBN 3-936525-02-01